Pulpos

Grace Hansen

Abdo
LA VIDA EN EL OCÉANO
Kids

abdopublishing.com

Published by Abdo Kids, a division of ABDO, PO Box 398166, Minneapolis, Minnesota 55439.

Copyright © 2017 by Abdo Consulting Group, Inc. International copyrights reserved in all countries. No part of this book may be reproduced in any form without written permission from the publisher.

Printed in the United States of America, North Mankato, Minnesota.

052016

092016

 THIS BOOK CONTAINS
RECYCLED MATERIALS

Spanish Translator: Maria Puchol, Pablo Viedma

Photo Credits: iStock, Seapics.com, Shutterstock, Thinkstock

Production Contributors: Teddy Borth, Jennie Forsberg, Grace Hansen

Design Contributors: Laura Rask, Dorothy Toth

Publishers Cataloging-in-Publication Data

Names: Hansen, Grace, author.

Title: Pulpos / by Grace Hansen.

Other titles: Octopuses. Spanish

Description: Minneapolis, MN : Abdo Kids, [2017] | Series: La vida en el océano |
    Includes bibliographical references and index.

Identifiers: LCCN 2016934885 | ISBN 9781680807479 (lib. bdg.) |
    ISBN 9781680808490 (ebook)

Subjects: LCSH: Octopuses--Juvenile literature. | Spanish language materials--
    Juvenile literature.

Classification: DDC 594/.56--dc23

LC record available at http://lccn.loc.gov/2016934885

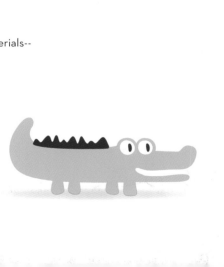

Lucius Beebe Memorial Library

345 Main Street

Wakefield, MA 01880

(781) 246-6334

wakefieldlibrary.org

Contenido

Pulpos

Los pulpos viven en los océanos de todo el mundo. Viven cerca de **costas** rocosas. También viven en mar abierto.

Los pulpos son de muchos tamaños. Normalmente pesan entre 6 y 10 libras (2.7-4.5kg). Normalmente miden de 12 a 36 pulgadas (30-91cm).

Partes del cuerpo

Todos los pulpos tienen una cabeza y ocho brazos. Cada brazo tiene ventosas.

9

Usan los brazos para moverse y comer. Las ventosas sujetan a la **presa**.

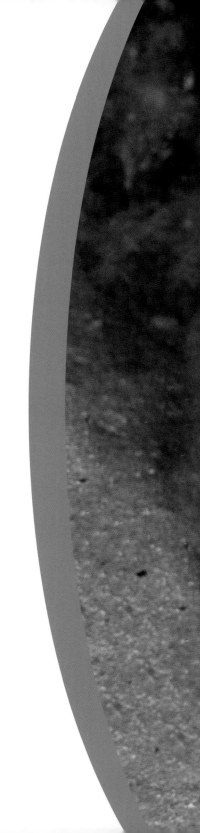

11

Los pulpos tienen un pico. Es la única parte dura de su cuerpo. Este pico es para romper la comida y comérsela.

pico

13

Alimentación

Los pulpos matan a sus **presas** con **veneno**. Esto hace más fácil comérselas.

Huevos

La mayoría de las hembras ponen huevos sólo una vez. Ponen entre 50 y 100,000 huevos. Los ponen en rocas o en agujeros.

Crías de pulpo

La hembra se queda con los huevos. Pueden tardar de 2 a 14 meses en eclosionar. Después de salir de los huevos las crías viven solas.

19

Las crías de pulpos crecen rápido. Algunas vivirán en el fondo marino. Otras harán sus hogares en pequeños espacios.

Más datos

- Hay más de 200 tipos de pulpos. Alrededor de la mitad viven en cuevas o en grietas en las rocas. La otra mitad vive en en fondo marino.

- Algunos pulpos se pueden camuflar en su entorno. Esto los ayuda a mantenerse a salvo de **depredadores**. Si han sido vistos y se sienten amenazados, expulsan una nube de tinta. Así pueden escapar nadando rápidamente.

- A los pulpos les encanta comer peces, langostas, cangrejos y almejas.

Glosario

costa – tierra cercana al océano.

depredador – animal que caza a otros animales para comérselos.

pico – parte dura que sobresale de la boca.

presa – animal que es cazado por un depredador para comérselo.

veneno – sustancia tóxica producida por algunos animales.

Índice

abdokids.com

¡Usa este código para entrar en abdokids.com y tener acceso a juegos, arte, videos y mucho más!

Código Abdo Kids:
OOK7105